# Quince

Jennifer Degenhardt

This book's story and characters are fictitious. Names, characters, and incidents are the products of the author's imagination. Any resemblance to actual persons is purely coincidental.

To the Bartholomews.  Thank you for your support always, in all forms.

# ÍNDICE

# AGRADECIMIENTOS

Thank you to Celia Bartholomew for telling me about a *quinceañera* she attended, which inspired that part of this book.

Thank you to the Connecticut Department of Corrections for the opportunity to volunteer at one of their facilities years ago where I learned the value of second chances.

The second chances given to the dogs in the book was inspired by K9 Connection, a program run by The People Concern, a non-profit in Los Angeles which "empowers people to rebuild their lives."

To Diego Ojeda, Alicia Quintero and José Salazar, thank you so much for taking the time to read the unfinished manuscript and to make suggestions to improve upon the story. I'm certain that readers will benefit from your recommendations.

Emmaleah Vickers is the very talented student artist behind the cover art for this book. Thanks to her for the beautiful work, her professionalism and her creativity. At the time of publication, Emma was a senior at Wayland Academy in Wisconsin.

And thanks to Dave the dog for being such a cooperative model. Dave appears as himself, on p. 43. Photo credit: author.

# Capítulo 1
## Ximena

Son las ocho de la noche y estoy en mi cuarto, sola. Mis hermanos, Javier y Joaquín, duermen en su cuarto y mis padres están en la cocina.

Como de costumbre, escribo en mi diario. Tengo un diario nuevo. Las páginas son de muchos colores: rojo, amarillo, anaranjado, azul y verde. Escribo cada noche. Escribo sobre los eventos del día y sobre cosas personales.

Esta noche escribo en mi escritorio nuevo. El escritorio es blanco y pequeño pero es muy bonito. Mi papá me lo regaló para la Navidad hace una semana. Mi papá es muy talentoso. Hace muchos muebles en su taller.

Estoy a punto de escribir en la primera página de mi diario cuando escucho una conversación entre mis padres:

—Pero, Marisol, él es su padre —dice mi papá.
—Lo sé, Federico, pero no sé si ella debe tener contacto con él —dice mi mamá.

—Marisol, su carta dice que está en muchos programas. Es diferente ahora —dice mi papá.

—Pero antes no era bueno. Ni para mí ni para…

—Marisol, Ximena necesita conocerlo —dice mi papá—. Es muy importante.

¿¡Cómo!? Mis padres hablan de mi PADRE. Mi padre biológico.

Mi papá Federico no es mi padre biológico, pero es el único que conozco. Mi mamá y Federico se casaron cuando yo tenía cuatro años. Yo fui dama de honor de mi mamá. Tenía un vestido rosado y bonito con muchas flores. Princesa… Mi papá me llama princesa desde aquel día.

Mi mamá no me habla de mi padre biológico. Nunca. ¿Y ahora hay una carta? ¿Qué dice? Quiero saberlo todo.

Tengo muchas preguntas pero no quiero decir nada todavía; entonces, como de costumbre, escribo en mi diario.

*Querido diario:*

*Hoy fue un día interesante...*

# Capítulo 2
## Daniel

Son las nueve de la noche y estoy en mi «cuarto» con un compañero. Se llama Johnny. Es nuevo. Johnny está en su cama. No habla. Escucha música con sus audífonos. Johnny es mi «hermano», pero no es mi hermano biológico. Es mi hermano de circunstancias.

El ruido aquí es horrible, pero es lo normal. Es tan fuerte que no puedo concentrarme.

Estoy en el escritorio. En el cuarto solo hay un escritorio, es de metal y es parte de la pared. Las camas son de metal también y están una encima de la otra. Hay solo una ventana pequeña y tiene barras. La puerta es pesada y está cerrada con llave.

Johnny y yo estamos aquí con más de 3 500 hermanos. Todos vivimos en cuartos, que realmente son celdas. Somos presos[1] de la prisión Dudley. Dudley está casi a 50 millas de mi pueblo, Encinitas.

---

[1] preso: prisoner, convict.

Sí, soy un preso, pero soy padre también. Tengo una hija. No puedo creerlo. Tengo una hija de 13 años. Increíble. Mi hija Ximena...

—¡Daniel! —grita otro hermano que está en la puerta con el correo—. Tengo dos cartas para ti.
—Gracias, Bear —le digo mientras tomo las cartas.

Bear no es su nombre verdadero. No sé cómo se llama, pero lo llamamos Bear aquí en Dudley.

Regreso al escritorio. No tengo mucho contacto con mi familia, pero mi tía siempre me escribe y me manda fotos de Ximena. Ximena vive con su mamá y el esposo de su mamá.

Hace dos semanas escribí a la mamá de Ximena para pedirle permiso para escribir a mi hija. Pero las cartas que me da Bear no son de la madre de Ximena. Voy a tener que esperar más tiempo.

Las cartas son del estado de California y tienen información legal. Son importantes, pero no quiero leerlas ahora. Decido escribir en mi diario.

> *Querido diario:*
>
> *Por ocho meses he estado trabajando mucho en diversos programas. En el futuro, quiero mostrarle a mi hija que soy una persona diferente a la de antes. Como adolescente yo era...*

—Apaguen las luces —dice el guardia.

No hay más tiempo para escribir. Solo hay más tiempo para pensar. Pero es difícil concentrarse porque el ruido es horrible.

GREAT JOB!

# Capítulo 3
## Ximena

Pienso en la conversación de mis padres sobre mi padre biológico la otra noche...

—Ximena —grita mi mamá—, vamos. Solo tenemos dos horas para ir de compras.
—Ya voy, mamá.

Mi mamá y yo vamos de compras hoy. En dos semanas es la *quinceañera*[2] de mi prima Paloma. Necesito un vestido nuevo. Tengo una idea del vestido que quiero. Es largo y azul y...

—Ximena —me dice mi mamá—, presta atención. Primero vamos al Flashbacks y luego al Community Resource Center.
—Mamá, no quiero ir al Flashbacks ni al Community Resource Center. Quiero un vestido nuevo.
—Te entiendo, Ximena, pero sabes que esta familia no tiene mucho dinero. Y con tantas quinceañeras a las que necesitas asistir...

---

[2] quinceañera: party given to Hispanic girls for their 15th birthday.

—Sí, mamá. Entiendo. Pero… no quiero ir a la quinceañera de Paloma.

—Tampoco yo. Pero es necesario —dice mi mamá.

Paloma es la hija de mi tío Jorge, el hermano de mi mamá. Mi tía Rosario, la mamá de Paloma es… pues…, ella es demasiado. Quiere perfección en todo. No me gusta ella. Y tampoco me gusta mucho Paloma porque es exactamente como su mamá.

Primero vamos al Flashbacks. La mujer que trabaja allí es una amiga de mi madre. Normalmente ella tiene una buena selección de vestidos, pero como es primavera y la temporada de los bailes de los colegios, no tiene muchos. Y los vestidos que hay no me gustan.

—Está bien, Ximena. Vamos al Community Resource Center entonces —dice mi mamá.

No estoy feliz. Quiero encontrar un vestido largo y azul. Quiero un vestido de princesa…

Mi madre y yo pasamos media hora en la segunda tienda. Hay un vestido azul, pero no es el vestido de mis sueños. Está bien. No quiero causar problemas a mi mamá. Ella está preocupada hoy.

—¿Quieres helado? —me pregunta mi mamá.
—Sí, pero… —le digo.
—Necesito hablar contigo. ¿Compartimos un *sundae* en Handle's? —dice mi mamá.

Me pregunto ¿sobre qué tiene que hablar conmigo?

# Capítulo 4
## Daniel

Llego de mi trabajo en la prisión. Trabajo en la lavandería con otros diez hombres, lavamos la ropa de todas las personas en Dudley. El trabajo es aburrido, pero me pagan. Gano 40 centavos por hora.

Tengo solo quince minutos para prepararme. Por la tarde tengo que asistir a mis clases de técnico en aire acondicionado y calefacción. En un mes voy a terminar el programa y voy a recibir un título. Espero tener un trabajo nuevo aquí en Dudley, un trabajo mejor pagado[3].

Johnny está en la celda. Escucha música como siempre. Pero hoy tiene una pregunta.

—Daniel, ¿te gusta estudiar? ¿Por qué estás en esas clases de aire acondicionado?
—Hombre, solo tengo que estar un año y medio más aquí. Cuando salga de aquí, quiero un trabajo. Quiero ser parte de la vida de mi hija. Todavía no la conozco.

---

[3] mejor pagado: better paid.

En ese momento Bear llega a la puerta con una carta para mí.

—¿Es la carta que esperas, Daniel? —me grita Bear. Grita porque hay mucho ruido.

Miro el sobre. Tiene la dirección de Marisol en Encinitas donde vive con Ximena, su esposo y sus hijos.

Tomo la carta y me siento en la cama. Estoy emocionado y nervioso. Abro el sobre y leo.

Querido Daniel:

Gracias por no estar enojado conmigo.
Debes saber de tu hija. Y ella quiere saber de ti. Ximena es una chica sensible y muy inteligente. Ella está creciendo.
Comunicarse contigo la va a ayudar. Y, Daniel, gracias por escribirme. Es evidente que has cambiado.

Mari

Pongo la carta en el sobre y corro a mi clase. Estoy muy pero que muy feliz.

# Capítulo 5
## Ximena

Estamos en la heladería Handle's y mi mamá me explica todo acerca de mi padre biológico.

—Ximena, tu padre biológico está preso en Dudley —me dice mi mamá.

—¿Por qué? ¿Dónde? ¿Qué pasó? —le pregunto.

—Hace trece años tu padre y sus amigos tuvieron un accidente. Una mujer en otro carro murió. Tu padre era el que manejaba esa noche. Tuvo que ir a prisión por 15 años.

—Pero fue un accidente ¿no? —le pregunto—. Me parece que es mucho tiempo por un accidente.

—Las circunstancias eran serias. Otro día te explico todo, pero quiero decirte que tu padre biológico, se llama Daniel, quiere ponerse en contacto contigo. Ahora que sabe de ti, quiere conocerte. Quiere escribirte una carta. ¿Te parece[4] bien? —me pregunta mi mamá ansiosamente.

---

[4] ¿Te parece bien?: Is that okay with you?

13

No sé qué decir. Por fin ya sé dónde está mi padre y por qué, pero… ¿quiero tener relación con él?

—Mamá, lo voy a pensar.

—Está bien, Ximena. Es tu decisión —me dice mi mamá.

Casi no pienso en el vestido azul y me olvido del helado. Mi realidad va a cambiar mucho. ¿¿Qué hago??

Tengo que tomar una gran decisión…

## Capítulo 6
## Daniel

Es por una mañana antes de ir al trabajo en la lavandería, un guardia de prisión está esperándome en la puerta.

—Daniel, el director quiere hablar contigo.
—¡Oh! ¿Sabe usted por qué? —le pregunto.
—No. Pero tienes que presentarte ahora —me dice.

Tomo mi chaqueta y voy con el guardia a la oficina del director.

En la oficina hay nueve presos más. Presos, sí, pero hombres buenos. Como yo, ellos están en muchos programas. Ellos quieren cambiar.

—Buenos días—dice el director—. Ustedes están aquí porque quiero ofrecerles participar en un programa nuevo en Dudley. Vamos a trabajar con un refugio de animales para entrenar a los perros, en particular a los perros que llevan mucho tiempo en el refugio.

Nadie habla. ¿Habla en serio el director?

¿Vamos a poder trabajar con perros?

El director continúa.

—Este programa es especial porque ustedes van a vivir con los animales día y noche. Los perros necesitan aprender mucho. Ustedes son los mejores candidatos para el programa. PERO —grita el director—, si hay un problema en la prisión con ustedes, no van a poder participar más. ¿Está claro?

El director nos pregunta a todos si queremos participar.

Todos decimos que sí.

* * * * *

Es de noche y estoy muy cansado después de trabajar y asistir a mis clases. En un mes voy a estar más cansado porque voy a tener un perro conmigo todo el tiempo. Tengo que estudiar para el examen de frigorista[5]. Pero esta noche tengo algo más importante que hacer: escribir una carta a mi hija.

---

[5] frigorista: refrigeration technician.

Querida Ximena:

Quiero presentarme. Soy

Daniel...

# Capítulo 7
## Ximena

Es el día de la quinceañera de Paloma. Todos en la casa se preparan. Mi mamá se pone un vestido rosado viejo y mi papá y mis hermanos se ponen pantalón azul, camisa blanca y corbata. A los chicos no les gustan las corbatas.

—Mami, no quiero la corbata —dice Joaquín.

—Yo tampoco —dice Javier.

—Chicos, por favor. Es solo por unas horas —dice mi mamá.

—Hijos, vengan aquí. Ustedes están muy guapos. Van a ser los más guapos de la fiesta —dice mi papá.

Mi papá es un hombre calmado. Sus palabras siempre tranquilizan a mis traviesos hermanos.

Me miro una vez más en el espejo. Quiero sonreír, pero no me gusta la imagen. El vestido es feo. Mi pelo es feo y yo, con trece, casi catorce años también soy fea. Quiero llorar. No quiero asistir, pero no puedo decir nada. Escucho a mi mamá decir «Paloma es tu prima y es importante celebrar su fiesta con ella», una frase que me dice mucho últimamente.

¡Ugh! Paloma Perfecta. Quiero vomitar.

\*\*\*\*\*

Toda la familia de mi mamá es católica y celebra las quinceañeras con una misa especial. Normalmente me gusta asistir a misa en la iglesia, pero hoy no quiero porque no quiero celebrar la quinceañera de Paloma. Llegamos a la iglesia en carro y en ese momento la veo con sus padres y los padrinos. Suben los escalones para llegar a la puerta de la iglesia St. John's. Paloma lleva un vestido rosado. El pelo y el maquillaje están perfectos. Ella parece una princesa. Está bella.

Detrás de Paloma, de sus padres y los padrinos caminan las damas y los chambelanes[6]. Las muchachas y los muchachos son la corte de honor y son los

---

[6] las damas y los chambelanes: people (girls and boys) that the *quinceañera* celebrant chooses as her court.

amigos de Paloma. Las muchachas están hablando mucho y algunas tienen problemas para caminar con los zapatos de tacón y los grandes vestidos. Los muchachos no hablan mucho y se ven incómodos con la ropa formal.

—Vamos, Ximena —dice mi mamá—. La misa va a empezar.

Bajo del carro. Mi padre nota que no estoy feliz.

—Ximena, estás muy bonita hoy. Me gusta mucho el color de tus ojos. Vamos. ¿Vas a bailar conmigo en la fiesta?

—Papá, sí, voy a bailar contigo, pero, por favor, no puedes bailar como un loco. ¿OK? —le respondo con una sonrisa.

Mi padre trabaja mucho y muchas veces es muy serio. Pero a él le gusta bailar todo tipo de música mexicana: banda sinaloense, rancheras, sierreño, sonidero y conjunto norteño. Dice que es parte de su cultura y le gusta.

—Ay, Ximena. Sabes que es parte de la cultura. De nuestra cultura —dice mi papá.

—Sí, papá. Me lo dices siempre.

Estoy feliz de estar con mi papá. Lo tomo de la mano y subimos los escalones de la iglesia. En el vestíbulo miro a todas las damas de la corte de honor. Ellas me miran de arriba abajo.

Estoy triste, pero entro en la iglesia con mi papá, mi madre y mis hermanos. No me gusta la idea de celebrar la quinceañera de mi prima Paloma.

# Capítulo 8
## Daniel

—Buenos días, señores. ¿Están listos para trabajar con sus nuevos amigos? Ellos los esperan en el otro cuarto.

Escuchamos los ladridos de los perros que están en el otro cuarto. Nadie dice nada, pero todos estamos nerviosos. Normalmente solo somos responsables de nosotros mismos. Pero ahora vamos a tener que cuidar a un perro por unos meses. Sí, muchos de los hombres son padres, pero no están con los hijos y no saben lo que es esa responsabilidad.

—Daniel, ven aquí. Toma este papel. Tiene la información del perro que vas a entrenar —dice el guardia.

Miro el papel. Estos son los datos:

**Nombre:** Dave
**Color:** Negro
**Raza:** Mixto
**Edad:** 1.5 años
**Origen:** Tennessee
**Características:** tímido, nervioso

¿Dave? ¿Dave es el nombre del perro? Es un poco raro, pero está bien.

Entro en el otro cuarto y le doy el papel al voluntario del refugio de animales.

—Hola —me dice—. Vas a trabajar con el señor Dave. Es buen perro, pero necesita mucha paciencia porque es muy tímido. Vamos, los voy a presentar.

Caminamos a la caja donde está Dave. Está en un rincón de la caja. No ladra mucho. Tiembla un poco.

El voluntario me dice que puedo hablar con él.

—Pon la mano cerca de la caja. Dave necesita olerte primero.

Me siento en el suelo y pongo la mano cerca de su nariz. En ese instante veo los ojos de Dave. Son bellísimos. Son ojos azules, no, son celestes.

—Son los ojos de un husky, ¿no? —le pregunto al voluntario—. Son preciosos.

—Sí. El señor Dave tiene unos ojos muy bonitos. Y sí, son los ojos de un husky. Pasa un tiempo más con Dave. Vamos a empezar la clase en 10 minutos.

Los demás perros ladran con mucha energía. Dave solo usa la nariz para conocerme mejor. El ruido de los perros es fuerte, pero no lo escucho. Estoy concentrado en mi nuevo amigo. Él me necesita y yo lo voy a ayudar.

# Capítulo 9
## Ximena

Después de un largo día celebrando la quinceañera de la prima «perfecta», estoy enojada y triste cuando llegamos a la casa. Voy directa a mi cuarto y saco el diario para escribir.

*Querido diario:*

*Hoy fue horrible. No me gustó la fiesta de Paloma. Hubo muchos problemas, en particular esta conversación en el baño durante la fiesta:*

*—¿Quién eres?*

*—Hola. Soy prima de Paloma.*

*—Tu vestido es muy feo.*

*—Sí. Y no es nuevo. Es obvio.*

*—Y tu pelo...*

*Fue horrible. Por cinco minutos las muchachas, las damas de la corte de honor, me insultaron. Por fin me*

> *escapé. Fui a otra parte y lloré.*

Todavía estoy llorando por la experiencia cuando mi mamá toca la puerta.

—Ximena, ¿puedo entrar? —pregunta mi mamá.
—No quiero hablar con nadie —le respondo.
—Pero, hija, tengo algo para ti.
—¿Qué es? —le pregunto a mi mamá.
—Una carta. ¿Puedo entrar?
—Sí —le digo.

Mi mamá entra y me da la carta.

—Ximena, es una carta de tu padre, Daniel.

Tomo la carta. No sé qué pensar. Una carta de mi padre biológico.

—Gracias, mamá. Voy a leerla ahora.
—Está bien. Si quieres hablar conmigo… —dice mi madre.
—Bien. Gracias, mamá.

Abro el sobre y empiezo a leer.

> *Querida Ximena:*
>
> *Quiero presentarme. Soy Daniel. Soy un preso en el Correccional de Dudley.*

La carta continúa:

*Estoy aquí por quince años a causa de un accidente hace trece años. Una persona murió. Necesitas conocer la verdad.*

*Siento no haberme puesto en contacto contigo[7] hasta ahora. No sabía de ti. Una tía me habló de ti hace tiempo. Pero en aquella época no me gustaba la persona que era. Yo necesitaba cambiar.*

*Ahora soy diferente. Quiero contarte que estudio mucho aquí. Tomo clases de frigorista y ahora estoy en un programa con*

---

[7] Siento no haberme puesto en contacto contigo: I'm sorry for not being in touch with you.

*perros. Otros hombres y yo los entrenamos. Los perros necesitan entrenamiento para que los adopten.*

*Si quieres escribirme, me gustaría recibir una carta tuya. Me gustaría conocerte. ¿Cuál es tu color favorito? ¿Te gusta la escuela? ¿Qué actividades te gustan? Pero tú puedes decidir si quieres escribirme o no. También puedes hacer las preguntas que quieras.*

*Saludos,*

*Daniel*

¡Oh! Una carta de mi padre biológico. Este hombre es mi padre, pero no es mi papá. Y está en la prisión. Solo las personas malas están en la prisión. Pero me gusta su honestidad. No me da excusas. No sé cómo me siento con todo esto, pero tengo curiosidad.

Saco papel y empiezo a escribir.

> Querido Daniel:
> Gracias por escribirme. Soy Ximena.
> Tengo 13 años. Tengo dos hermanos,
> Javier y Joaquín. Voy a Crestview
> Middle School. Me gusta estudiar,
> pero no me gusta mucho la escuela...

Después de escribir la carta durante una hora, la historia de mi vida está en papel. La pongo en un sobre para mandársela a Daniel.

## Capítulo 10
## Daniel

Esta noche Dave y yo descansamos en la celda. Ya no vivo con Johnny. Con el perro necesito más espacio. Además, Johnny no tiene paciencia para estar con un perro como Dave.

Dave está muy nervioso todavía, pero está bien conmigo. Me escucha y presta atención cuando hablo. Es un buen perro. Es simpático y cómico. Y es buen compañero de estudio.

—Dave —le digo—, necesitamos estudiar. Te voy a leer todo mi curso de frigorista.

Dave me mira, pero no dice nada. Empiezo a leer cuando Bear llega a la puerta.

—Daniel, tienes una carta de una persona nueva —me grita.
—Gracias, Bear —le digo.

No me gusta que Bear haga comentarios sobre mis cartas, pero no importa.

—¡Dave! Es una carta de Ximena. Ximena es

mi hija. No la conozco todavía.

¡Estoy tan feliz! Leo toda la carta a Dave. Me mira con atención.

Es una carta larga con muchas preguntas: «¿Qué pasó la noche del accidente?, ¿Estuviste solo?, ¿Por qué estás en la prisión por tanto tiempo?, ¿Cómo es la prisión?».

Y mi favorita: «¿Puedo visitarte un día?».

Ximena me cuenta muchas cosas de su vida. Ella habla de problemas que tiene con las amigas de su prima y de los detalles de la fiesta de quinceañera. Menciona quinceañeras en la carta, pero no sé mucho de esas fiestas. No son parte de mi cultura. ¿Por qué son tan importantes? Le voy a preguntar.

—Dave —le digo, tocando su cabeza—, vamos a estudiar luego porque primero vamos a escribir una carta a Ximena.

El perro no dice nada, solo levanta las orejas cuando le hablo.

*Querida Ximena:*

*Gracias por tu carta tan larga.*

*Ahora ya sé más de ti y en esta*

*carta voy a responder a tus*

*preguntas...*

# Capítulo 11
## Ximena

Después de la fiesta de Paloma, tengo aún más problemas. Las amigas de Paloma hablan con las chicas de mi escuela y ahora todas hablan de la situación en la quinceañera de hace un mes. También ahora todos los estudiantes saben de mi padre, Daniel, y donde está.

«Tu padre está en la prisión».

«Es un criminal».

«Eres como él, Ximena: mala, mala, mala».

Los comentarios de los estudiantes son horribles y muchos no me hablan. Ahora no hago mi tarea y no presto atención en clase. Estoy muy triste.

Un día llego de la escuela y veo a mi vecina Kendra. Ella está en primer curso[8] en Encinitas High School, es un año mayor que yo. Estudia mucho, pero no tiene muchos amigos. No es popular. No somos amigas,

---

[8] primer curso: first year.

pero hablamos cuando nos vemos.

—Hola, Ximena —me dice.

—Hola.

—¿Qué tal? —me pregunta.

No quiero decirle la verdad, pero ya la sabe. Todos saben que mi padre está en prisión.

—Bien —le digo—. ¿Cómo estás?

—Pues preparando mi quinceañera, que será en unos meses. Vas a venir, ¿no? —me pregunta.

—Claro, Kendra. Me gustaría.

—Y, Ximena, quiero invitarte a ser dama de mi corte, si quieres —me dice Kendra.

Quiero gritar «¡No, No, No!», pero no puedo. Es difícil tener pocos amigos, lo sé, y Kendra es buena persona. Ella quiere tener una fiesta excelente también.

—Sí, Kendra. Me encantaría. Gracias por invitarme a ser parte de tu día especial. Hablamos luego, ¿OK? Necesito entrar para hacer mi tarea.

—Está bien, Ximena. Nos vemos —dice Kendra.

Antes de entrar en la casa, busco en el buzón. Hay una carta de Daniel. ¡Qué bien! Necesito leer noticias diferentes.

Daniel me escribe sobre sus estudios y los programas. También me escribe sobre sus amigos en la prisión. Explica que son buenos hombres que tomaron malas decisiones, pero que intentan cambiar. Es una perspectiva nueva para mí. Sí, las personas hacen cosas malas, pero ¿pueden cambiar? No sé...

Después de leer la carta, estoy más relajada. Empiezo una carta para Daniel.

*Querido Daniel:*

*Estoy muy feliz de recibir tu carta.*

*Gracias por escribirme cada semana.*

*Siempre me pongo contenta cuando*

*hay una carta tuya en el buzón.*

Te cuento que no estoy muy bien. Todavía tengo problemas con esas chicas de la fiesta y otros problemas con otras personas en mi escuela. Estoy muy triste. Y esta tarde, la vecina Kendra me invitó participar en SU quinceañera. No quería y no quiero, pero ella no tiene a quién invitar. No es muy popular en la escuela. Entonces le dije que sí. Voy a tener que decírselo a mi mamá.

¿Y tú? ¿Cómo estás? ¿Y el perro? ¿Tienes una foto con Dave? ¿Y puedo visitarte un día?

Termino la carta y la pongo en un sobre con la dirección de Dudley y el número de preso de Daniel, 7042—99DRQ. Mañana la pongo en el buzón para el cartero.

# Capítulo 12
## Daniel

Algo pasa en Dudley hoy, porque estamos en un cierre de emergencia, en un *lockdown*. Nadie puede salir de su celda y no hay escuela y no hay programas hoy. Tengo permiso para salir con Dave una vez por la mañana y una vez por la tarde para hacer las necesidades (Dave, no yo, je, je), pero no vamos a tener clase con la entrenadora hoy.

—Dave —le digo—, es buen día para escribir una carta a Ximena, ¿no crees?

Dave me mira con sus ojos celestes y levanta las orejas, pero no me dice nada. Saco papel y empiezo a escribir.

| | |
|---|---|
| | *Querida Ximena:* |
| | *Tengo mucho tiempo para escribirte* |
| | *hoy porque la prisión está en* |
| | lockdown. |

Los guardias hacen investigaciones y nadie puede salir de su celda. Estoy aquí con Dave, claro. Te manda saludos. Dave es un perro completamente diferente ahora. Él aprende de mí, pero yo aprendo mucho de él también. Ahora Dave conoce mi voz y entiende mis órdenes:

Siéntate
Échate
Quieto
Aquí[9]


Y también me da la pata cuando le digo «choca los cinco[10]». ¡Ja, ja! Es muy inteligente y mucho menos nervioso que antes.

Yo le enseño a Dave, pero Dave me enseña a mí también. Me enseña paciencia y el amor sin condiciones. Me gusta mucho. Solo quedan tres semanas más del programa ☹. Dave es un buen amigo. Lo voy a extrañar.

Siento los problemas que tienes en la escuela. No me gusta dar consejos, y no

---

[9] siéntate, échate, quieto, aquí: sit, lie down, stay, come.
[10] choca los cinco: high five.

*estoy en posición de dártelos, pero ten calma. Todo va a pasar y todo va a estar bien. Lo sé porque antes yo tenía muchos problemas y ahora tengo pocos.*

Mientras escribo la carta a Ximena, tengo una idea fenomenal. Necesito contactarme con su madre y su padrastro primero. ¡Es una idea excelente!

Termino la carta a Ximena y en el sobre pongo una foto también. Voy a tener que esperar hasta mañana para mandarla, pero no hay problema. Así tengo más tiempo para escribir a Marisol y Federico.

# Capítulo 13
## Ximena

Mi mamá viene a la escuela hoy para una reunión con mis profesores de Matemáticas y Ciencias. Yo tengo malas notas en esas clases. Yo también estoy en la reunión. No quiero estar en la reunión, pero mi mamá insistió. Es difícil estar en una reunión con tres adultos.

—Señora Meléndez, Ximena es una chica buena y muy inteligente. Pero no está haciendo la tarea en clase —dice la profesora de Matemáticas.

—Tampoco hace mucho trabajo en la clase de Ciencias. Tiene malas notas. ¿Cómo podemos ayudarte, Ximena? —me pregunta el profesor de Ciencias.

No quiero contestar al señor Kelley, pero le contesto porque es muy simpático.

—El trabajo no es difícil, señor Kelley. Solo que no tengo ganas de hacerlo —le digo.

Yo sé que no respondo a su pregunta, pero no sé cómo me puede ayudar. La reunión termina cuando les prometo que voy a intentar trabajar más en sus clases.

En el carro a la casa mi mamá trata de hablar conmigo, pero no presto atención. No sé qué me pasa. No quiero hacer la tarea, no quiero salir de mi cuarto, no quiero hacer nada.

*****

Llegamos a la casa y voy directa al buzón. Hay dos cartas de Daniel, una para mí y otra para mis padres. Normalmente Daniel no escribe a mis padres. Hummm…

Tomo mi carta y voy a mi cuarto para leerla. En el sobre también hay una foto de un perro.

Daniel me escribe sobre un *lockdown* que ocurrió en Dudley. No pudo salir de la celda por dos días, solo para salir con Dave. Dave necesita hacer sus necesidades, me explica Daniel.

También me escribe sobre su graduación y el programa con los perros.

Me manda una foto de Dave. Quería mandarme otra foto de su graduación pero no tenía ninguna. Me dice que ahora, con el certificado de frigorista, puede solicitar a un mejor trabajo en Dudley.

Daniel tiene una vida difícil. Mi vida es fácil en comparación, entonces, ¿por qué estoy tan triste?

Como siempre, Daniel me hace unas preguntas al final de la carta. Aunque no tengo muchas ganas de hacer nada, siempre contesto a Daniel.

Querido Daniel:

¡La foto de Dave es fantástica! Parece un perro muy bueno, aunque nervioso. ¿Por qué es tan nervioso?

Me preguntaste por qué estas fiestas de quinceañeras son tan importantes. Te lo explico.

La quinceañera es un rito para las muchachas hispanas. Es la celebración del paso de niña a mujer. Antes era una celebración para mostrar que las muchachas estaban listas para el matrimonio, pero ahora simboliza el cambio de niña a mujer. Para mí es una conexión con mi cultura y mi religión. Y si soy honesta, ya no quiero ser niña. Quiero ser adulta. Todavía tengo muchos problemas en la escuela, en las clases y con los estudiantes.

Desde mi cumpleaños hace dos meses estoy pensando en mi quinceañera. Para mi fiesta del próximo año, quiero una celebración diferente a la de Paloma. No quiero un show. Quiero una ceremonia humilde y una fiesta sencilla. Sé que mi mamá y mi papá no tienen mucho dinero, pero quiero un vestido elegante. Celeste. Con muchas flores. Quiero ser princesa por un día.

El próximo mes voy a la quinceañera de mi vecina Kendra. Soy una de sus damas. Voy a *esa fiesta para tener ideas para la mía.*

Termino la carta cuando mi mamá toca la puerta.

—Ximena, ¿puedo entrar?

No quiero hablar con mi mamá, pero contesto.

—Sí.

Mi mamá y yo hablamos por una hora sobre la escuela, sobre mi padre Daniel y sobre los problemas que tengo en la escuela, con mis clases y mis compañeros. Ella quiere ayudarme, y necesito su ayuda.

—Ximena, ¿qué piensas de adoptar un perro? —pregunta mi mamá.

La miro con sorpresa.

—¿Qué? —le pregunto. Javier, Joaquín y yo queremos mucho tener un perro, pero mis padres siempre nos dicen que no.
—Sí, hija. Tus hermanos y tú son mayores y necesitan tener una responsabilidad. Y tener un «amigo» como un perro va a ser muy

bueno para ti, pienso —me dice mi mamá.

—¡Oh, mamá! Es una idea excelente. ¡Gracias! —Y le doy un abrazo fuerte a mi mamá.

—Pero no digas nada a tus hermanos todavía. Necesito hablar con tu papá primero.

Mi mamá va a convencer a mi papá muy rápido, porque mi papá quiere un perro también. Le encantan los perros. A mí también.

¿Qué tipo de perro adoptaremos?

## Capítulo 14
## Daniel

Regreso de mi nuevo trabajo como frigorista aquí en la prisión. Con un supervisor, un grupo de hombres y yo trabajamos en un taller en la prisión. Reparamos las máquinas. Me gusta el trabajo.

Bear está en la puerta de la celda con unas cartas para mí.

—Hola, Daniel. ¿Qué tal el nuevo trabajo? Tengo unas cartas para ti. Ximena te escribe otra vez.
—Hola, Bear. El trabajo es muy bueno, gracias —le digo.
—Y Dave, ¿cómo estás? —le pregunta Bear a Dave.
—Dave está bien. Está solo mucho tiempo ahora. No me gusta, pero es parte del entrenamiento. Aunque pronto lo van a adoptar —le contesto.
—¡Oh! ¿Sí?
—Sí, la mamá de Ximena y su familia van a adoptarlo.

Normalmente no hablo mucho con las otras

personas en la prisión sobre cosas personales, pero ¡estoy tan feliz! Dave va a ser parte de la vida de Ximena.

—¡Estupendo! Qué bien, Daniel. ¿Cuándo? —me pregunta Bear.
—En dos semanas. Ximena no lo sabe. Es una sorpresa.
—Me gustan estas noticias, Daniel. Buena suerte —me dice Bear.

Bear me da las cartas con una sonrisa. A veces es un poco molestoso, pero es buena persona. Muchos de los que están aquí son buenas personas que han tenido problemas. Como yo.

Dave está a mi lado cuando me siento en la cama para leer las cartas. Una carta es de Ximena y la otra es de la comisión de libertad[11]. Me falta solo un año más de pena[12].Puedo salir antes, pero necesito preparar muchos papeles y documentos para solicitar la libertad condicional[13].

---

[11] comisión de libertad: parole board.
[12] pena: (prison)·sentence.
[13] libertad condicional: parole.

—Dave —le digo al perro—, tú vas a salir de aquí antes que yo, pero voy a salir también.

Dave me mira con esos ojos celestes, pero no dice nada. Es buen perro y buen amigo.

Le toco la cabeza y abro el sobre para leer la carta de mi hija.

> *Querido Daniel:*
> *Tengo buenas noticias. ¡Mi mamá dice que podemos adoptar un perro! Quiero un perro negro como Dave. Es muy guapo.* ☺ ☺ ☺

La carta tiene mucha información de la vida de una adolescente. Ximena dice que todavía tiene problemas en la escuela, pero está tan emocionada por adoptar un perro que noto un tono diferente en su carta.

Estoy feliz y se lo digo al perro.

—Dave, vas a ir a vivir con Ximena y sus

hermanos. ¿Qué piensas?

Dave me mira y levanta las orejas, y esta vez parece que tiene una sonrisa.

# Capítulo 15
## Ximena

—Hola, Ximena.

—Hola, mamá.

—¿Qué tal el día? —me pregunta mi mamá.

Ella me recoge de las prácticas que tenemos para la quinceañera de Kendra. Tenemos que practicar dos veces a la semana por dos meses. Hoy practicamos el vals[14].

—Más o menos. Tengo hambre. ¿Qué hay para la cena?

—Vamos a recoger una *pizza*, pero primero tenemos que ir a la ciudad —me dice mi mamá.

—¿Tan lejos y con tanto tráfico? Mamá, no quiero —le digo.

—Ximena, lo siento pero tenemos una cita.

—No me lo dijiste antes. ¿Por qué? —le digo enojada.

Mi mamá no me mira pero tiene una sonrisa

---

[14] vals: the waltz; traditionally the song to which the celebrant dances with her father or other important male figure, along with her court.

enorme. ¿Qué pasa? ¿Adónde vamos?

—Mamá, ¿adónde vamos? —le pregunto.
—Ahora lo verás[15].

El tráfico es horrible a esta hora, pero no digo nada. Miro fotos de quinceañeras por Instagram en mi teléfono.

Llegamos y ahora soy yo la que tiene una sonrisa. Estamos en un refugio de animales.

—Mamá, ¿vamos a adoptar un perro hoy? —le pregunto.
—Sí, Ximena. Vamos.

Mi mamá va a la recepción y habla con la mujer. Ella paga un dinero y se llena[16] unos formularios. Después de quince minutos, un muchacho viene a la recepción con un perro. No es muy grande, pero tampoco es pequeño. Tiene ojos celestes. Es negro con un poco de blanco. Es… ¡Es Dave!

—¡Dave! —le grito. Me siento en el suelo

---

[15] lo verás: you will see.
[16] se llena: she fills out.

para acariciarlo[17]. Dave está nervioso, pero después de unos minutos se relaja un poco.

—Mamá, gracias —le digo. Empiezo a llorar—. Gracias, mamá. Gracias.

Abrazo a mi nuevo amigo. Estoy muy feliz.

$$*****$$

Después de una noche emocionante con Dave en la casa, los dos estamos en mi cuarto. Dave está en el suelo cerca de mí cuando escribo una carta a Daniel. Le escribo sobre Dave (¡claro!), las prácticas para la quinceañera de Kendra y mi quinceañera en ocho meses. Al final le digo que me gustaría visitarlo y que le voy a preguntar a mi mamá cuándo podemos.

---

[17] acariciarlo: to pet him.

## Capítulo 16
## Daniel

La carta de Ximena tiene muchos ♡♡♡ y ☺ ☺ ☺. Ella está muy feliz con Dave. Los dos pasan mucho tiempo juntos. Van al parque y participan en un programa para visitar a personas en un hogar de ancianos. Dave es perfecto para el programa porque es simpático y no tiene demasiada energía. ¡Y tiene unos ojos muy bonitos! Nadie puede resistirse a sus ojos.

Estoy un poco triste porque Dave no está conmigo. Me concentro en el trabajo para no pensar en el perro.

\* \* \* \* \*

En el taller esta mañana en mi trabajo, hay un problema. Un problema grande.

—Daniel. Necesito hablar contigo —me dice uno de mis compañeros de trabajo.

—¿Qué pasa? —le pregunto.

—Mañana va a llegar una máquina y necesito repararla —me dice.

El hombre me describe la máquina.

No le digo nada, pero la situación no es buena. Este hombre tiene mala reputación. Mala fama. Me dicen que él recibe drogas en el taller y las vende en la prisión. Pero no quiero meterme en problemas. En siete meses voy a la comisión de libertad y no quiero tener ninguna infracción en mis documentos. Pero las reglas no escritas de los presos son a veces más importantes que las reglas formales.

¿Qué hago?

# Capítulo 17
## Ximena

Por fin llega el día de fiesta para la quinceañera de Kendra. Llevo un vestido usado de Flashbacks de un color que le gusta a Kendra.

Practicamos los bailes por dos meses. Sé bien todos los pasos de las partes donde participan las damas y chambelanes, en particular el vals y el baile sorpresa. Pero primero todos tenemos que acompañar a Kendra, la quinceañera, en la misa especial en la iglesia.

—Ximena, ¿estás lista? —me pregunta mi papá.

Toda la familia asiste a la misa y a la fiesta de Kendra. La mamá de Kendra y mi mamá son amigas. A mi mamá le gusta ayudar y preparó mucha comida para la fiesta: enchiladas[18], picadillo[19] y tamales[20]. Los

---

[18] enchiladas: corn filled tortillas covered with chili pepper sauce.
[19] picadillo: Latin American dish similar to hash.
[20] tamales: Meso-American dough-filled food, steamed in corn husks or banana leaves.

tamales de mi mamá son los más ricos.

—Sí, papá. Estoy lista —le digo desde mi cuarto—. ¡Voy!
Toco la cabeza de Dave y salgo de mi cuarto.
—Princesa. Qué hermosa estás —me dice mi papá al verme.

La sonrisa que tengo ahora es real. Han cambiado muchas cosas en los últimos meses. Todo es mucho mejor en la escuela: mis clases son buenas y estoy más tranquila. Dave me ha ayudado mucho.

*****

Me gusta ir a la iglesia, especialmente para celebrar la quinceañera de una amiga. Estoy muy feliz y me siento contenta, por mí y por Kendra. Kendra está feliz también. Ahora tiene más amigos. Pasamos mucho tiempo juntos en las prácticas de los bailes para hoy, todos nos hicimos buenos amigos. Al principio fue difícil convencer a los muchachos para que participaran, pero al final se divirtieron.

Durante la misa los padrinos de Kendra le

regalan un rosario y los padres le regalan un collar con la virgen de Guadalupe, la santa patrona de México. También le regalan una tiara para indicar que siempre va a ser una princesa. ¡Está tan bonita Kendra! ¡Y tan feliz!

Después de la misa hablo con Kendra antes de ir a la fiesta.

—Kendra, estás superbonita hoy. Estoy muy feliz por ti.
—Ximena —me dice—, gracias por ser mi amiga. Estoy feliz también. Vamos a divertirnos en la fiesta. ¿Estás lista?
—¡Claro! Vamos a bailar mucho —le digo, con una sonrisa sincera.

Su fiesta de quinceañera tiene algunos aspectos tradicionales, pero tiene también ideas propias de Kendra. Ella quería la parte formal de la iglesia, pero la fiesta es menos tradicional. La entrada a la fiesta es excelente. Las damas y chambelanes entran primero en el salón y luego entra Kendra. Entramos con la canción «Quinceañera», de Thalía. El ritmo es un poco lento, pero está bien. Tenemos una sorpresa para más tarde.

Al final de la entrada, el padrino de Kendra hace el brindis[21].

—Gracias a todos por venir para celebrar la quinceañera de Kendra. Aquí estamos para recibirla, por primera vez, como mujer. Kendra, eres muy especial; para nosotros y para todas las personas que están aquí. Espero que la vida te ame tanto como te amamos todos.

Otras personas hablan también.

Después, Kendra baila con su padre un vals, «Tiempo de vals», cantado por Chayanne. Él llora, pero está muy feliz y muy orgulloso. Kendra llora un poco. Está feliz también, pero no quiere estropear[22] el maquillaje.

Por fin es hora de bailar el baile sorpresa que practicamos por meses. Bailamos la canción «Mi Gente», de J Balvin y Willy William. Es muy diferente al vals. Los muchachos tienen lentes de sol y se ven muy guapos. No

---

[21] brindis: toast (raising of glasses in honor of someone).
[22] estropear: to ruin.

querían participar en la corte al principio, ¡pero ahora van a bailar!

El baile es emocionante. Bailamos una mezcla de canciones por diez minutos. Nos divertimos mucho. Y bailamos MUY bien. Al final, Kendra toma el micrófono para hablar.

—Gracias a todos por venir. Pero quiero decirles muchísimas gracias a mis amigos —nos mira y dice— Me gustó mucho conocerlos mejor y bailar con todos ustedes. Ahora, ¡a comer!

La música continúa. Unos bailan y otros van a las mesas donde está la comida. Es costumbre ayudar con la preparación de la comida. Hay muchísima comida que prepararon muchas de las madres para ayudar a la familia de Kendra y, como las madres saben cocinar bien, ¡la comida está riquísima!

No hay más ceremonias durante la fiesta. En la preparación, Kendra y yo hablamos mucho sobre cómo iba a ser[23]. Ella no quería hacer la ceremonia de cambiar los zapatos bajos

---

[23] cómo iba a ser: how it was going to be.

por los de tacón, ni la ceremonia de la última muñeca, una tradición maya donde una chica deja su última muñeca para significar que ya es una mujer. Ella quería elementos tradicionales y modernos.

Pasamos bien el día. Fue un día fenomenal. Me divertí mucho.

\*\*\*\*\*\*

En casa hablo con mis padres sobre mi quinceañera.

—Mamá, papá. No quiero una fiesta como la de Paloma, porque sé que no es posible para la familia. Me gustaría más una fiesta como la de hoy[24]. ¿Es posible?

Mi papá habla primero.

—Ximena, vas a tener la fiesta que quieres, si es posible. Voy a trabajar más para darte esa fiesta.

Me toma la mano y me da un beso en la cabeza.

---

[24] la de hoy: today's party.

—Gracias, papá —le digo.

Pero veo la cara de mi mamá. Es obvio que hay algún problema.

## Capítulo 18
## Daniel

Me preparo para ir al trabajo en la prisión. Me lavo la cara y los dientes. Pienso en el problema en el trabajo. Todavía no sé qué hacer.

Si se lo digo a los guardias, voy a tener muchos problemas con los otros presos. Si no se los digo, puedo tener más problemas con la libertad condicional. Y solo me quedan cinco meses más. Unos meses más y puedo estar con mi hija: caminar en el parque, tomar helado, asistir a su quinceañera...

\* \* \* \* \*

Cuando llego al trabajo, ese hombre malo no deja de mirarme. No confía en mí. Cuando voy a la oficina para hablar con mi supervisor, ese hombre me para y me amenaza. En la mano tiene un pincho, o sea un cuchillo improvisado. Me habla con palabras muy feas.

—Daniel, no vas a hablar con nadie sobre

esas máquinas. No vas a decir nada. Si hablas, te mato.

El hombre tiene el pincho en mi estómago. No digo nada.

Después se da la vuelta[25] y regresa a trabajar. Yo también. No hablo con el supervisor porque tengo miedo. Estoy nervioso.

Durante todo el día ese hombre no deja de mirarme.

En los catorce años aquí en Dudley he tenido problemas, y han sido problemas que yo causé por mi actitud y por no ser maduro. Sin embargo, he cambiado, ahora no busco problemas. No los quiero. Quiero salir de Dudley. Quiero empezar una nueva vida.

Pero tampoco quiero problemas con los guardias. ¿Qué hago?

\* \* \* \* \*

Después de un largo día, regreso a mi celda. Hay una carta de Ximena. Me hace sonreír,

---

[25] se da la vuelta: he turns around.

aunque todavía estoy nervioso.

> Querido Daniel:
> Gracias por tu carta. Dave y yo estamos bien. Él está aquí y te manda saludos. ¡Ja, ja!
> En la escuela estoy mejor también. Mis notas son buenas y tengo más amigos. Y Dave y yo pasamos unas horas en el hogar de ancianos durante los fines de semana. Hay una mujer allí a quien le gusta mucho Dave. Ella es de Filipinas y le habla a Dave en filipino. Me gusta escucharla.

Mi hija está contenta, pero sigo leyendo y no todo está bien. No es grave, pero hay un problema.

Daniel, busco un vestido para mi quinceañera. Hay uno MUY bonito en el Instagram de Celia's Creations de Chula Vista. Kendra y yo tomamos helado un día en Handle's, miramos muchas fotos en Instagram y lo vimos. Es hermoso: es celeste con muchos adornos muy bonitos. Se lo dije a mi mamá y su primera pregunta fue «¿Cuánto cuesta?». Sé que la familia no tiene mucho dinero. Estoy triste. Quiero ese vestido, pero no es posible.

Es evidente que Ximena quiere el vestido. Y yo quiero ayudar.

¿Puedo ayudar?

Sí. Tengo una idea...

## Capítulo 19
## Ximena

Empezamos la preparación de la fiesta. Mi mamá llama a todas sus amigas. Ellas van a preparar la comida: picadillo y pernil[26]. Un primo de mi papá es DJ. Va a hacer la música. El día de la fiesta primero vamos a la iglesia para la misa y luego vamos a la casa de mis padrinos para la fiesta. La fiesta va a ser en el patio de su casa.

Una tarde mi mamá y yo estamos en el restaurante In-N-Out cerca de nuestra casa. Comemos hamburguesas, papas fritas y batidos. Mi mamá está muy feliz con la fiesta. Yo también estoy feliz, pero pienso en el vestido.

—Mamá, ¿vamos a tener mesas y sillas para el patio? —le pregunto.
—Claro, Ximena. Las personas necesitan sentarse para comer —me dice riéndose.
—Pero mis padrinos no tienen muchas en su patio. ¿Qué hacemos?
—No te preocupes. Vamos a rentar las

---

[26] pernil: slow-roasted marinated pork shoulder or pork leg.

mesas y las sillas —me explica.

—¿Cuesta mucho dinero? —le pregunto.

—Ay, Ximena. No te preocupes del dinero. Vas a tener una fiesta bonita —me dice mi mamá.

Tengo muchas preguntas, pero no le digo nada. Si hay dinero para mesas y sillas, ¿por qué no hay dinero para ese vestido?

*****

Llegamos a la casa. Hay una carta de Daniel. En la carta dice que está trabajando mucho y que le gusta su trabajo. Pero no escribe mucho. Debe estar trabajando muchísimo.

Quiero escribir en el diario sobre mis sentimientos por el asunto del dinero, el vestido y mi fiesta, pero decido escribir una carta a Daniel. Le hablo de la preparación de la fiesta, la comida y la música. No menciono el vestido. Al final le hago una pregunta:

¿Cuándo puedo ir a Dudley para visitarte?

Con cariño,

Ximena

## Capítulo 20
## Daniel

Hoy es el día. Voy a hablar con mi supervisor sobre las drogas. Espero que me crean[27]. Es un riesgo grande.

—Señor Meyer. ¿Puedo hablar con usted? —le digo a mi supervisor. Es supervisor civil, no es guardia de prisiones.
—Claro, Daniel. ¿Qué pasa? —me dice el señor Meyer—. ¿Todo está bien?
—No exactamente. ¿Podemos hablar en la oficina? —le pregunto.
—Sí, vamos.

El señor Meyer les da instrucciones a los otros hombres y los dos entramos en su oficina. No quiero perder la oportunidad. Empiezo a hablar.

—Señor Meyer, hay unos hombres que usan el trabajo para recibir drogas en la prisión. Una persona de fuera pone las drogas en las máquinas que reparamos y...

---

[27] espero que me crean: I hope they believe me.

Mi supervisor no me deja continuar.

—Daniel. Ya lo sabemos. Gracias por la información. Los guardias ya lo investigan, pero necesitan más tiempo para resolver el problema. Tú solo tienes unos meses más aquí en Dudley, ¿no?

—Sí, señor. Cinco meses. Quiero estar libre para asistir a la quinceañera de mi hija —le digo con una pequeña sonrisa.

—Entonces, haz tu trabajo y no digas nada a nadie. Eres buen hombre, Daniel. Honesto. Has cambiado mucho últimamente —me dice.

—Gracias, señor.

—Ahora, regresa a trabajar y no hables con nadie —me dice.

—Está bien. Gracias. Y ¿puedo preguntar otra cosa? —le pregunto.

—¿Qué es? —me dice el supervisor con curiosidad.

—Me gustaría darle a mi hija el dinero que gano en este trabajo. ¿Es posible?

—Voy a preguntar, Daniel.

—Muy bien, jefe. Gracias. Ella quiere un vestido muy especial para su fiesta —le digo con una gran sonrisa.

Regreso al trabajo. Como me dijo el supervisor, hago el trabajo y no hablo con nadie. Pienso en el dinero que quiero mandar a mi hija para el vestido. Gano menos de un dólar por hora, pero quiero ayudarla. Pienso en mi libertad condicional también. ¿Me la van a dar? Quiero asistir a la fiesta de Ximena, pero no sé si voy a estar libre, y tampoco sé si me van a invitar.

La carta que recibo de Ximena es mucho más corta de lo normal.

Querido Daniel:
Mis padres me dicen que me van a llevar a la prisión para verte en dos semanas. No puedo esperar.
Abrazos,
Ximena y Dave

Dos semanas. Dos semanas para arreglar lo del dinero. Dos semanas para conocer a mi hija, para verla por primera vez.

# Capítulo 21
## Ximena

Dave y yo nos preparamos para ir al hogar de ancianos. Mi mamá entra en el cuarto y se sienta en la cama.

—Xime, necesito hablar contigo —me dice preocupada.

—¿Qué pasa, mamá? Estás muy seria.

—Hubo un accidente en la prisión. No podemos ir a visitar a Daniel mañana —me dice, sin explicar nada más.

—Pero Daniel está bien, ¿no? —le pregunto. Ahora también estoy preocupada.

—No, Ximena. Daniel no está bien. Está en la clínica en la prisión. Le atacaron con un cuchillo. No está bien. No está consciente ahora.

—Pero, mamá. No puede morir. No lo conocí —le digo gritando.

—Ya lo sé, hija. No hay nada más que hacer, solo esperar y rezar.

Lloro, pero no sé por qué. Es verdad que no conozco a Daniel, pero ES mi padre. Por medio de las cartas que escribo y recibo, entiendo más quién soy. Quiero conocerlo.

Tiene que ponerse bien. Espero que sí.

*****

Estoy triste cuando llego al hogar de ancianos, pero Dave está MUY feliz. Mueve la cola y el trasero para demostrarlo.

Primero vamos para visitar a la señora Santos, la mujer filipina. Está en una sala tomando té. Se sorprende al vernos.

—Hola, señora Santos. ¿Cómo está usted?

La señora Santos tiene 92 años. Ella me dice que mentalmente está muy bien, pero que físicamente...

—Y ¿cómo estás tú, Ximena? —me pregunta—. ¿Estás triste?
—Sí, señora. Mi padre, él que está en la prisión, está mal.
—Ven a contarme todo, Ximena. ¿Qué pasó? —dice la señora Santos.

Dave y yo nos sentamos cerca de la anciana y yo le cuento todo.

La señora Santos es muy inteligente. A veces

me dice unos dichos filipinos que me ayudan con mis problemas. Hoy me dice otro.

—Recuerda, Ximena, *Habang may buhay, may pag-asa.* Cuando hay vida, hay esperanza.

—Es verdad, señora Santos. Usted me cuenta muchas cosas de su historia y su vida y aprendo mucho. Gracias. Voy a pensar en este dicho, pero no en filipino. Es muy difícil. ¡Ja, ja, ja!

—Sí, el filipino es diferente al español, pero *Ang hindi marunong magmahal sa sariling wika, ay mahigit pa sa mabaho at malansang isda.* La persona que no ama su lengua natal es peor que un pez podrido.

—Ay, señora Santos. Ese dicho es más largo que el otro —le digo sonriendo.

—Gracias por visitarme, Ximena y Dave. Espero que tu padre esté bien. Ahora, ve a tu casa y escríbele una carta a tu papá —dice la señora Santos.

Y como siempre, sigo los consejos de la anciana.

## Capítulo 22
## Daniel

Todavía estoy en la clínica en Dudley. Estuve inconsciente por dos días. Fue una situación horrible. Pero ahora estoy mejor. Quiero salir de la clínica para regresar a mi trabajo. Quiero ganar más dinero para Ximena.

Todo está arreglado. Voy a darle a Ximena el dinero que está en mi cuenta. Ella quiere ese vestido bonito para su quinceañera, y yo quiero que ella lo tenga.

—Hola, Daniel. Buenos días. ¿Cómo te sientes hoy? —me pregunta la doctora Allen.
—Buenos días. Estoy mucho mejor, gracias doctora —le digo.
—Es evidente. Vas a regresar a población general hoy —me dice.
—Qué bien, doctora. Y, ¿cuándo regreso al trabajo?
—La próxima semana. Vas a estar mucho más fuerte en unos días.
—Gracias, doctora. Gracias por todo.

\* \* \* \* \*

Por la tarde estoy en mi celda. Todavía no tengo «*cellie*[28]», estoy solo. Extraño a Dave.

Bear llega a la puerta con el correo.

—Hola, Daniel. Me alegra verte aquí otra vez. ¿Cómo estás? —dice gritando.
—Hola, Bear. Sí, fueron unos días difíciles. Pero ahora estoy mejor —le digo.
—Me dicen que te pegaron muy fuerte en el trabajo.
—Sí. Estuve inconsciente por dos días.
—No te preocupes por esos. Los transfirieron inmediatamente a otra prisión —me dice Bear.
—Son buenas noticias —le digo—. ¿Tienes algo para mí?
—¡Oh, sí! Dos cartas. Una de Ximena y otra de Marisol.
—Bien, hombre. Gracias.

Me siento en la cama. Todavía me duele la cabeza un poco. En realidad, me duele todo el cuerpo. Me pegaron fuerte en el trabajo.

---

[28] cellie: colloquial term for prison roommate.

Leo la carta de Marisol primero.

---

*Querido Daniel:*

*Espero que estés bien. Me dicen que estuviste inconsciente en la clínica. Ximena está preocupada por ti, y yo también. Ximena ha cambiado mucho en estos últimos meses. La relación que tiene contigo es muy importante para ella, para afirmar su identidad. Gracias por ser tan bueno con ella, tu hija. Y siento no haberte hablado[29] de ella mucho antes.*

*Vamos a Dudley el próximo sábado. Vamos Ximena, Federico y yo. Es importante que todos se conozcan[30].*

*Saludos,*

*Marisol*

---

[29] siento no haberte hablado: I'm sorry for not having talked to you.
[30] es importante que todos se conozcan: it's important that everyone meet each other.

¡Vaya! En una semana voy a ver a mi hija por primera vez.

# Capítulo 23
## Ximena

Es sábado, el día que vamos a Dudley para conocer a mi padre. Se tarda una hora para llegar a San Diego. No hablo mucho en el carro, y mi papá lo nota.

—Xime, ¿estás nerviosa? —me pregunta mi papá.

—Sí. Un poco. ¿Qué pasa si no le gusto?

—Ximena, tu padre ya te quiere. Como yo te quiero —me dice mi papá.

—Sí. Lo sé. Pero es un poco raro conocer a mi padre después de quince años.

—Va a ser una experiencia buena para ti —me dice mi mamá sonriendo—, para todos nosotros.

En el camino a la prisión pienso en todos los problemas que he tenido y cómo los he resuelto. Muchas veces escribía en mi diario o escribía una carta a Daniel y me sentía mejor. Escribir me ayuda mucho.

Por fin llegamos, pero necesitamos esperar. Es un proceso muy largo visitar a un preso. Hay que hablar con los oficiales, mostrar la identificación y esperar. Y esperar más. Es horrible.

Después de dos horas, un oficial nos llama.

—Visitantes para Daniel…

En ese momento veo a Daniel. A mi padre. Está en la sala de visitantes. Todavía tiene moretones por la cara y el cuello, pero también tiene una sonrisa enorme.

—Hola, Ximena. Soy Daniel —me dice.
—Ya lo sé —le digo, también sonriendo—. Me mandaste fotos, ¿recuerdas? ¡Ja, ja!
—Claro. Lo siento. Estoy un poco nervioso —me dice Daniel.
—Yo también —admito—. Mis padres están aquí también. Ya conoces a mi mamá y él es Federico. Mi papá.
—Mucho gusto, Daniel —dice mi papá—. Ximena es una chica muy especial.

Daniel no dice nada. Mira a mi mamá. Finalmente, habla con ella.

—Marisol, Ximena es hermosa. Es exactamente como tú.

—Gracias, Daniel. Estamos muy orgullosos de ella.

—Marisol. Federico. Gracias por ser unos padres excelentes. Ximena tiene mucha suerte en la vida con ustedes.

—Vamos a celebrar en unos meses su fiesta de quinceañera —dice mi papá.

—Sí, Daniel. Mi quinceañera es en enero. ¿Vas a poder venir?

—Sé que mencioné la posibilidad, pero no será posible. El proceso de salir de la prisión es largo. No voy a poder.

Estoy un poco triste por esas noticias. Me gustaría celebrar mi fiesta con Daniel también.

—Pero —continúa Daniel— tengo otras noticias. Ximena, ¿ya tienes el vestido para la fiesta?

No sé por qué me pregunta eso. Daniel sabe el problema con el vestido. El vestido que quiero es muy caro.

—No. Necesito encontrar...

—No te preocupes. Aunque yo no sé mucho de esas fiestas, sé que ese vestido es muy importante para ti. Mañana puedes ir a la tienda para comprarlo. Ya mandé el dinero adicional a tu madre.

—¡¿Qué?!      ¡¿Cómo?!      —le      digo sorprendida—. Mi mamá no me dijo nada. ¿Mamá?

—Es verdad, Xime. Tu padre —dice mirando a Daniel— me mandó dinero. Vamos de compras mañana.

—Pero ¿cómo? ¿De tu trabajo? —le pregunto a Daniel.

—Sí, Ximena. No gano mucho, pero todo el dinero que he ganado...

—¡Ay, gracias, Daniel! —Le toco la mano. Quiero darle un abrazo pero está prohibido—. ¡Gracias!

Hablamos una hora más. Casi todo el tiempo hablamos de la fiesta. Estoy muy feliz. Estoy feliz por el vestido y por la fiesta. Pero sobre todo estoy feliz por conocer a mi padre, ¡estoy en una nube! Es una buena persona. Necesita aprender más de la cultura hispana, pero es buena persona. ¡Ja, ja!

Es hora de despedirnos.

—Daniel, gracias por el vestido. Te voy a mandar fotos.

—Vas a ser una princesa, lo sé —dice Daniel, mirando a mi papá.

—Es nuestra princesa —dice Federico ofreciéndole la mano a Daniel—. La tuya también.

—Daniel, gracias —le dice mi mamá, con lágrimas en los ojos.

Mi mamá y Daniel se toman las manos también. Y ahora me toca a mí. Le tomo la mano a Daniel.

—Daniel, estoy muy feliz de que estés en mi vida ahora. Gracias por ayudarme tanto.

—Me siento igual, Ximena. Gracias por cambiar mi vida.

Lloro un poco, pero estoy muy feliz.

—Te mando fotos, Daniel. Y más de Dave.

—Muy bien, Ximena —me dice—. Y saludos a Dave. ¡Hasta la próxima!

Al salir del cuarto de visitantes le saludo una vez más y le digo «Adiós, papá», pero hay mucho ruido y no me oye.

# GLOSARIO

## A

a - to, a
abrazo(s) - hug(s)
abro - I open
aburrido - bored
acariciarlo - to pet him
accidente - accident
acerca - about
acompañar - to accompany
actitud - attitude
actividades - activities
además - besides
adicional - additional
adiós - good-bye
admito - I admit
adolescente - adolescent
adoptar - to adopt
adoptaremos - we will adopt
adoptarlo - to adopt him
adopten - they adopt
adornos - decorations
adulta/os - adult
adónde - where
afirmar - to affirm
ahora - now

aire acondicionado - air conditioning
al - a + el
(me) alegra - I'm happy
algo - something
alguna/o(s) - some
algún - some
allí - there
ama/e - s/he loves
amamos - we love
amarillo - yellow
amenaza - s/he threatens
amiga/o(s) - friend(s)
amor - love
anaranjado - orange
anciana/o(s) - old
animales - animals
año(s) - year(s)
antes - before
apaguen - they turn off
aprende - s/he learns
aprender - to learn
aprendo - I learn
aquel(la) - that
aquí - here
arreglado - fixed
arreglar - to fix
asiste - s/he attends

**asistir** – to attend
**aspectos** - aspects
**asunto** - issue
**así** - so
**atacaron** – they attacked
**atención** – attention
**audífonos** – headphones
**aún** – even
**aunque** - though
**ayuda** – help, s/he helps
**(me ha) ayudado** – has helped me
**ayudan** – they help
**ayudar(la)(me)(te)** – to help (her)(me)(you)
**azul(es)** - blue

# B

**baila** – s/he dances
**bailamos** – we dance(d)
**bailan** – they dance
**bailar** – to dance
**baile(s)** – dance(s)
**bajo** – I get out
**bajos** – flats (shoes)
**banda** - band
**barras** - bars
**batidos** - milkshakes
**baño** - bathroom
**bella** - beautiful

**bellísimos** – very beautiful
**beso** - kiss
**bien** – well
**biológico** - biological
**blanca/o** - white
**bonita/o(s)** - pretty
**brindis** - toast
**buen/a/o(s)** - good
**busco** – I look for
**buzón** – mailbox

# C

**cabeza** - head
**cada** - each
**caja** – box, crate
**calefacción** - heating
**(ten) calma** – be calm
**calmado** - calm
**cama(s)** - bed(s)
**cambiado** - changed
**cambiar** – to change
**cambio** – I change
**caminamos** – we walk(ed)
**caminan** – they walk
**caminar** – to walk
**camino** - walk
**camisa** - shirt
**cancion(es)** – song(s)
**candidatos** – candidates
**cansado** - tired
**cantado** - sung
**cara** - face

**cariño** – love, care
**caro** - expensive
**carro** - car
**carta(s)** – letter(s)
**cartero** – letter
  carrier
**casa** - house
**casaron** – they
  married
**casi** - almost
**catorce** – fourteen
**católica** - Catholic
**(a) causa (de)** –
  because of
**causar** – to cause
**causé** – I caused
**celda(s)** – cell(s)
**celebra** – s/he
  celebrates
**celebración** –
  celebration
**celebrando** –
  celebrating
**celebrar** – to
  celebrate
**celeste(s)** – light blue
**cellie** – cellmate
**cena** - dinner
**centavos** - cents
**cerca** – close to,
  near
**ceremonia(s)** –
  ceremony(ies)
**cerrada** - closed
**certificado** –
  certificate

**chambelanes** – boys
  in *quinceañera's*
  court
**chaqueta** - jacket
**chica(s)** – girl(s)
**chicos** - boys
**choca los cinco** –
  high five
**ciencias** - science
**cierre** – s/he closes
**cinco** - five
**circunstancias** –
  circumstances
**cita** - appointment
**ciudad** - city
**claro** – of course,
  clear
**clase(s)** – class(es
**clínica** - clinic
**cocina** - kitchen
**cocinar** – to cook
**cola** - tail
**colegios** – high
  schools
**collar** - necklace
**colores** - colors
**comemos** – we eat
**comentarios** –
  comments
**comer** – to eat
**cómico** - funny
**comida** – food
**comisión** –
  commission
**como** – like, as
**cómo** – how

**comparación** - comparision

**compartimos** - we share(d)

**compañero(s)** - companion(s),

**completamente** - completely

**comprarlo** - to buy it

**(de) compras** - shopping

**comunicarse** - to communicate

**con** - with

**concentrado** - concentrated

**concentrarme/se** - to concentrate

**concentro** - I concentrate

**condicional** - conditional

**condiciones** - conditions

**conexión** - connection

**confía** - s/he confides

**conmigo** - with me

**conoce** - s/he knows

**conocer(lo)(los)(me (te)** - to know (him)(them) (me)(you)

**conoces** - you know

**conocí** - I met

**conozcan** - they know

**conozco** - I know

**consciente** - conscious

**consejos** - advice

**contactarme** - to contact me

**contacto** - contact

**contarme/te** - to tell me/you

**contenta** - happy

**contestar** - to answer

**contesto** - I answer

**contigo** - with you

**continuar** - to continue

**continua** - s/he continues

**convencer** - to convince

**conversación** - conversation

**corbata(s)** - tie(s)

**correccional** - correctional

**correo** - mail

**corro** - I run

**corta** - short

**corte** - court

**cosa(s)** - thing(s)

**costumbre** - custom

**crean** - they create

**creciendo** - growing

**creerlo** - to believe it

**crees** - you believe
**cuando** - when
**cuarto(s)** - room(s)
**cuchillo** - knife
**cuál** - which
**cuándo** - when
**cuánto** - how much/many
**cuello** - neck
**cuenta** - s/he tells
**cuento** - I tell
**cuerpo** - body
**cuesta** - it costs
**cuidar** - to take care of
**cultura** - culture
**cumpleaños** - birthday
**curiosidad** - curiosity
**curso** - course

# D
**da** - s/he gives
**dama(s)** - girl(s) in the *quinceañera's* court
**dar(le)(te)** - to give (him)(you)
**dártelos** - to give them to you
**datos** - information
**de** - of, from
**debe** - s/he must
**debes** - you must
**decidir** - to decide
**decido** - I decide

**decimos** - we say, tell
**decir (le)(les)(te)** - to say to, tell (him/her)(them) (you)
**decisiones** - decisions
**decisión** - decision
**decírselo** - to tell it to him/her
**deja** - s/he leaves
**del** - de + el
**demasiada/o** - too much
**demostrarlo** - to show it
**demás** - rest
**descansamos** - we rest(ed)
**describe** - s/he describes
**desde** - since, from
**despedirnos** - we say good-bye
**después** - after
**detalles** - details
**detrás** - behind
**día(s)** - day(s)
**diario** - diary
**dice** - s/he says
**dicen** - they say
**dices** - you say
**dicho(s)** - saying(s)
**dientes** - teeth
**diez** - ten

diferente(s) – different

difícil(es) - difficult

digas – you say

digo – I say

dije - I said

dijiste - you said

dijo - s/he said

dinero - money

dirección - address

directa - direct

diversos - diverse

(nos) divertimos – we have/had fun

divertirnos - we have fun

(me) divertí - I had fun

(se) divirtieron – they had fun

doctora - doctor

documentos – documents

dólar - dollar

donde - where

dónde - where

dos - two

doy - I give

drogas - drugs

duele - it hurts

duermen - they sleep

durante - during

# E

el - the

él - he

elegante - elegant

elementos – elements

ella - she

ellas – they (f.)

ellos – they (m.)

(sin) embargo – however

emergencia – emergency

emocionada/o – excited

emocionante – exciting

empezamos - we begin, began

empezar - to begion

empiezo - I begin

en - in, on

encantan - they are very pleasing

encantaría – it would be very pleasing

encima - on top of

encontrar - to find

energía - energy

enero - January

enojada/o – angry

enorme - enormous

enseña - s/he teaches

enseño - I teach

entiende - s/he understands

entiendo - I understand

**entonces** - then, well
**entra** - s/he enters
**entrada** - entrance
**entramos** - we enter(ed)
**entran** - they enter
**entrar** - to enter
**entre** - between
**entrenadora** - trainer
**entrenamiento** - training
**entrenamos** - we train
**entrenar** - to train
**entro** - I enter
**época** - time period
**era** - I, s/he was
**eran** - they were
**eres** - you are
**es** - s/he, it is
**esa/e** - that
**esas/os** - those
**escalones** - steps
**escapé** - I escaped
**escribe** - s/he writes
**escribir(me)(te)** - to write (to me)(to you)
**escribo** - I write
**escribí** - I wrote
**escribía** - I, s/he wrote
**escritas** - written
**escritorio** - desk

**escríbele** - write to him
**escucha** - s/he listens
**escuchamos** - we listen(ed)
**escucharla** - to listen to her/it
**escucho** - I listen to
**escuela** - school
**eso** - that
**espacio** - space
**español** - Spanish
**especial** - special
**especialmente** - especially
**espejo** - mirror
**esperan** - they wait, hope for
**esperanza** - hope
**esperar** - to hope, wait for
**esperas** - you hope, wait for
**espero** - I hope, wait for
**esperándome** - waiting for me
**esposo** - husband
**esta/e/o** - this
**estaban** - they were
**estado** - state
**estamos** - we are
**estar** - to be
**estas/os** - these
**estoy** - I am

estropear – to ruin
estudia – s/he
    studies
estudiantes –
    students
estudiar – to study
estudio – I study
estudios - studies
estupendo –
    stupendous
estuve – I was
estuviste – you were
está – s/he, it is
están – they are
estás – you are
esté – I, s/he, it is
estés – you are
estómago - stomach
eventos - events
evidente - evidently
exactamente –
    exactly
examen - test
excelente(s) –
    excellent
excusas - excuses
experiencia –
    experience
explica – s/he, it
    explains
explicar – to explain
explico – I explain
extrañar – to miss
extraño – I miss

# F
fácil - easy
falta - lack
fama – reputation
familia - family
fantástica - fantastic
(por) favor - please
favorita/o - favorite
fea/o(s) - ugly
feliz - happy
fenomenal –
    phenomenal
fiesta(s) – party(ies)
filipina/o(s) - Filipino
fin(es) – end(s)
finalmente – finally
físicamente –
    physically
flores - flowers
formal(es) - formal
formularios - forms
foto(s) – photo(s)
frase - sentence
frigorista –
    refrigeration
    technician
(papas) fritas –
    French fries
fue – it was
fuera – it is
fueron – they were
fuerte - strong
fui – I went, I was
futuro - future

## G

(he) ganado - I have earned
ganar - to earn
(tener) ganas - to feel like doing
gano - I earn
gente - people
gracias - thank you
graduación - graduation
gran - huge
grande(s) - big
grave - serious
grita - s/he yells
gritando - yelling
gritar - to yell
grito - I yell
grupo - group
guapo(s) - handsome
guardia(s) - guard(s)
gusta - it is pleasing
gustaba - it was pleasing
gustan - they are pleasing
gustaría - it would be pleasing
(no le) gusto - he doesn't like me
(mucho) gusto - nice to meet you
gusto - it was pleasing

## H

ha - has
haberme/te - having
habla - s/he, it speaks
hablado - spoken
hablamos - we speak, spoke
hablan - they speak
hablando - speaking
hablar - to speak
hablas - you speak
hables - you speak
hablo - I speak
habló - s/he, it spoke
hace - s/he, it does, makes
hacemos - we do, make
hacen - they do, make
hacer(lo) - to do, make (it)
haciendo - doing
haga - s/he, it does, makes
hago - I do, make
hambre - hunger
hamburguesas - hamburgers
han - have
has - have
hasta - until
hay - there is, are
haz - do

**he** - have
**heladería** - ice cream shop
**helado** - ice cream
**hermano(s)** - brother(s)
**hermosa/o** - beautiful
**hicimos** - we did, made
**hija** - daughter
**hijos** - sons, children
**hispana(s)** - Hispanic
**historia** - story
**hogar** - home
**hola** - hi, hello
**hombre** - man
**hombres** - men
**honesta/o** - honest
**honestidad** - honesty
**hora(s)** - hour(s)
**hoy** - today
**hubo** - there was, were
**humilde** - humble

# I

**iba** - it was going
**identidad** - identity
**identificación** - identification
**iglesia** - church
**igual** - equal, same
**imagen** - image
**importa** - it is important to

**importante(s)** - important
**improvisado** - improvised
**inconsciente** - unconscious
**increíble** - incredible
**incómodos** - uncomfortable
**indicar** - to indicate
**información** - information
**infracción** - infraction
**inmediatamente** - immediately
**insistió** - s/he insisted
**instante** - instant
**instrucciones** - instructions
**insultaron** - they insulted
**inteligente** - intelligent
**intentan** - they try
**intentar** - to try
**interesante** - interesting
**investigaciones** - investigations
**investigan** - they investigate
**invitar(me)(te)** - to invite (me)(you)
**invitó** - s/he invited

ir - to go

# J
jefe - boss
juntos - together

# L
la - the, it, her
lado - side
ladra - he barks
ladran - they bark
ladridos - barks
lágrimas - tears
larga/o - long
las - the
lavamos - we wash
lavandería - laundry
lavo - I wash
le - to/for him, her
leer(la)(las) - to read (it)(them)
lejos - far
lengua - language
lentes - glasses
lento - slow
leo - I read
les - to/for them
levanta - s/he, it lifts, raises
leyendo - reading
libertad - freedom
libre - free
lista/o(s) - ready
llama - s/he, it calls
llamamos - we call

llave - key
llega - s/he, it arrives
llegamos - we arrive
llegar - to arrive
llego - I arrive
(se) llena – she fills out
lleva - she wears
llevan - they wear
llevar - to wear
llevo - I wear
llora - s/he cries
llorando - crying
llorar - to cry
lloro - I cry
lloré - I cried
lo - it, him
loco - crazy
los - the, them
luces - lights
luego - later

# M
madre(s) - mother(s)
maduro - mature
mal - badly
mala/o(s) - bad
mami - mommy
mamá - mom
manda - s/he sends
mandar(la)(me) - to send(it)(to me)
mandaste - you sent
mando - I send

mandársela - to send
it to her
mandé - I sent
mandó - s/he sent
manejaba - he was
driving
mano(s) - hand(s)
maquillaje - make-up
máquina(s) -
machine(s)
más - more
matemáticas - math
mato - I kill
matrimonio -
marriage
maya - Mayan
mayor(es) - older
mañana - morning,
tomorrow
me - me, to/for me
media/o - half
(por) medio - by way
of
mejor(es) - better
menciona - s/he, it
mentions
menciono - I mention
mencioné - I
mentioned
menos - less
mentalmente -
mentally
mes(es) - month(s)
mesas - tables
meterme - to put
myself

mexicana - Mexican
mezcla - mix
mi(s) - my
mí - me
mía - mine
micrófono -
microphone
miedo - fear
mientras - while
millas - miles
minutos - minutes
mira - s/he looks at
miradas - looks
miramos - we
look(ed) at
miran - they look at
mirando - watching
mirarme - to look at
me
miro - I look at
misa - mass (church
service)
mismos - same
modernos - modern
molestoso -
bothersome
momento - moment
moretones - bruises
morir - to die
mostrar(le) - to show
(to him/her)
mucha/o(s) - much,
many
muchachas - girls
muchacho(s) - guy(s)

**muchísima/o(s)** - a
   LOT
**muebles** - furniture
**mueve** - s/he, it
   moves
**mujer** - woman
**muñeca** - doll
**murió** - s/he died
**música** - music
**muy** - very

# N

**nada** - nothing
**nadie** - no one
**nariz** - nose
**Navidad** - Christmas
**necesario** -
   necessary
**necesidades** -
   necessities
**necesita** - s/he needs
**necesitaba** - I, s/he
   needed
**necesitamos** - we
   need
**necesitan** - they
   need
**necesitas** - you need
**necesito** - I need
**negro** - black
**nerviosa/o(s)** -
   nervous
**ni** - neither
**ninguna** - none
**niña** - little girl
**noche** - night

**nombre** - name
**normalmente** -
   normally
**nos** - us, to/for us
**nosotros** - we
**nota(s)** - grade(s)
**noticias** - news
**noto** - I note
**nube** - cloud
**nuestra** - our
**nueva/o(s)** - new
**nueve** - nine
**número** - number
**nunca** - never

# O

**o** - or
**obvio** - obvious
**ocho** - eight
**ocurrió** - it occurred
**official(es)** - official
**oficina** - office
**ofrecerles** - to offer
   them
**ofreciéndole** -
   offering to him
**ojos** - eyes
**olerte** - to smell you
**olvido** - I forget
**oportunidad** -
   opportunity
**órdenes** - orders
**orejas** - ears
**orgulloso(s)** - proud
**otra/o(s)** - other
**oye** - s/he, it hears

# P

paciencia - patience
padrastro - stepfather
padre - father
padres - parents
padrino - godfather
padrinos - godparents
paga - s/he pays
pagado - paid
pagan - they pay
página(s) - page(s)
palabras - words
pantalón - pants
papas - potatoes
papel(es) - paper(s)
papá - dad
para - for
parece - it seems
pared - wall
parque - park
parte(s) - part(s)
participan - they participate
participar - to participate
participaran - they participat
pasa - s/he, it passes (time)
pasamos - we pass(ed) (time)
pasan - they pass (time)
pasar - to pass (time)

paso(s) - step(s)
pasó - s/he spent (time)
pata - paw
patrona - patron
pedirle - to ask him/her
pegaron - they hit
pelo - hair
pena - prison sentence
pensando - thinking
pensar - to think
peor - worse
pequeña/o - small
perder - to lose
perfección - perfection
perfecta/o(s) - perfect
permiso - permission
pero - but
perro(s) - dog(s)
persona(s) - person(s)
personales - personal
perspectiva - perspective
pesada - heavy
pez - fish
piensas - you think
pienso - I think
pincho - shank, shiv
población - population
poco(s) - a little, few

**podemos** - we can
**poder** - to be able
**podrido** - rotten
**pon** - put
**pone** - s/he puts
**ponen** - they put
**ponerse** - to put
**pongo** - I put
**por** - for
**porque** - because
**posibilidad** - possibility
**posible** - possible
**posición** - position
**practicamos** - we practice(d)
**practicar** - to practice
**preciosos** - precious
**pregunta** - s/he asks
**preguntar** - to ask
**preguntas** - questions
**preguntaste** - you asked
**pregunto** - I ask
**preocupada** - worried
**(no te) preocupes** - don't worry
**preparación** - preparation
**preparamos** - we prepare(d)
**preparan** - they prepare

**preparando** - preparing
**preparar(me)** - to prepare(me)
**prepararon** - they prepared
**preparo** - I prepare
**preparó** - s/he prepared
**presentar(me)(te)** - to present (myself)(yourself)
**preso(s)** - prisoner(s)
**presta atención** - pay attention
**presto atención** - I pay attention
**prima/o** - cousin
**primavera** - spring
**primer/a/o** - first
**princesa** - princess
**principio** - beginning
**prisiones** - prisons
**prisión** - prison
**problema(s)** - problem(s)
**proceso** - process
**profesor/a(es)** - teacher(s)
**programa(s)** - program(s)
**prohibido** - prohibited
**prometo** - I promise
**pronto** - soon
**propias** - own

**prácticas** - practices
**próxima/o** - next
**pudo** - s/he could
**pueblo** - town
**puede** - s/he can
**pueden** - they can
**puedes** - you can
**puedo** - I can
**puerta** - door
**pues** - well, then
**puesto** - job
**punto** - point

# Q

**que** - that
**qué** - what
**quedan** - they stay
**queremos** - we want
**querida/o** - dear
**quería** - I, s/he
    wanted
**querían** - they
    wanted
**quien** - who
**quién** - who
**quieras** - you want
**quiere** - s/he wants
**quieren** - they want
**quieres** - you want
**quiero** - I want
**quieto** - still
**quince** - fifteen

# R

**rápido** - fast
**raro** - rare, strange
**realidad** - reality
**realmente** - really
**recepción** -
    reception
**recibe** - s/he, it
    receives
**recibir(la)** - to
    receive (it)
**recibo** - I receive
**recoge** - s/he picks
    up
**recoger** - to pick up
**recuerda** - s/he
    remembers
**recuerdas** - you
    remember
**refugio** - shelter
**regalan** - they give
    (gift)
**regaló** - s/he gave
    (gift)
**reglas** - rules
**regresa** - s/he
    returns
**regresar** - to return
**regreso** - I return
**relación** -
    relationship
**relaja** - s/he relaxes
**relajada** - relaxed
**religión** - religion
**rentar** - to rent

**reparamos** - we repair
**repararla** - to repair
**reputación** - reputation
**resistirse** - to resist
**resolver** - to resolve
**responder** - to respond
**respondo** - I respond
**responsabilidad** - responsibility
**responsables** - responsible
**restaurante** - restaurant
**resuelto** - resolved
**reunión** - meeting
**rezar** - to pray
**ricos** - delicious
**riesgo** - risk
**rincón** - corner
**riquísima** - very delicious
**ritmo** - rhythm
**rito** - rite
**riéndose** - laughing
**rojo** - red
**ropa** - clothes
**rosado** - pink
**rosario** - rosary beads
**ruido** - noise

# S

**sábado** - Saturday
**sabe** - s/he knows
**sabemos** - we know
**saben** - they know
**saber(lo)** - to know (it)
**sabes** - you know
**sabía** - I, s/he knew
**saco** - I take out
**sala** - room
**salga** - I, s/he leaves
**salgo** - I leave
**salir** - to leave
**saludo** - I greet
**saludos** - greetings
**salón** - large room
**san/ta/os** - saint
**sé** - I know
**sea** - I, s/he, it am, is
**segunda** - second
**selección** - selection
**semana(s)** - week(s)
**sencilla** - simple
**sentamos** - we sit
**sentarse** - to sit
**sentimientos** - feelings
**sentía** - I, s/he felt
**ser** - to be
**seria/o(s)** - serious
**será** - s/he, it will be
**señor** - sir, Mr.
**señora** - ma'am, Mrs.

**señores** - sirs
**si** - if
**sí** - yes
**sido** - been
**siempre** - always
**sienta** - I, s/he feels
**sientes** - you feel
**siento** - I feel
**siete** - seven
**significar** - to mean
**sigo** - I follow
**sillas** - chairs
**simboliza** - it
    symbolizes
**simpático** - nice
**sin** - without
**sincera** - sincere
**situación** - situation
**siéntate** - sit down
**sobre** - on, about
**sol** - sun
**sola** - alone
**solicitar** - to apply
**solo** - only, alone
**somos** - we are
**son** - they are
**sonreír** - to smile
**sonriendo** - smiling
**sonrisa** - smile
**sorprende** - s/he, it
    surprises
**sorprendida** -
    surprised
**sorpresa** - surprise
**soy** - I am
**su(s)** - his, her, their

**suben** - they climb
**subimos** - we climb
**suelo** - floor
**suerte** - luck
**sueños** - dreams
**superbonita** - very
    pretty

# T
**tacón** - heel (shoe)
**tal** - so
**talentoso** - talented
**taller** - workshop
**también** - also
**tampoco** - either
**tan** - so
**tanta/o(s)** - so much,
    many
**tarda** - it takes
**tarde** - afternoon,
    late
**tarea** - homework
**técnico** - technician
**teléfono** - phone
**temporada** - season
**ten** - have
**temenos** - we have
**tener** - to have
**tenga** - I, s/he have,
    has
**tengo** - I have
**tenido** - had
**tenía** - I, s/he had
**termina** - s/he, it
    ends
**terminar** - to finish

termino - I finish
ti - you
tía - aunt
tiembla - s/he
    trembles
tiempo - time
tienda - store
tiene - s/he, it has
tienen - they have
tienes - you have
tímido - shy
tío - uncle
tipo - type, kind
título - title
toca - s/he knocks
(me) toca a mí - it's
    my turn
tocando - touching
toco - I touch
toda/o(s) - all
todavía - still, yet
toma - s/he, it takes
tomamos - we take
toman - they take
tomando - taking
tomar - to take
tomaron - they took
tomo - I take
tono - tone
trabaja - s/he works
trabajamos - we
    work
trabajando - working
trabajar - to work
trabajo - I work

tradicional(es) -
    traditional
tradición - tradition
tráfico - traffic
tranquila - calm
tranquilizan - they
    calm
transfirieron - they
    transferred
tresero - back
trata - s/he tries
traviesos - naughty
trece - thirteen
tres - three
triste - sad
tu(s) - your
tú - you
tuvieron - they had
tuvo - s/he, it had
tuya - yours

# U
última/o(s) - last
últimamente - lately
un/a - a, an
unas/os - some
único - only
uno - one
usa - s/he uses
usado - used
usan - they use
usted - you formal
ustedes - you plural

# V

va - s/he, it goes
vals - waltz
vamos - we go
van - they go
vas - you go
vaya - I, s/he go, goes
ve - s/he, it sees
veces - times
vecina/o(s) - neighbor(s)
vemos - we see
ven - they see, come
vende - s/he, it sells
vengan - they come
venir - to come
ventana - window
veo - I see
ver - to see
verdad - true, truth
verdadero - true
verde - green
verla(me)(nos)(te) - to see (it) (me)(us)(you)
verás - you will see
vestido(s) - dress(es)
vestíbulo - vestibule
vez - time
vida - life
viejo - old
viene - s/he comes
vimos - we saw
virgen - virgin

visitantes - visitors
visitar(lo)(me)(te) - to visit (him)(me)(you)
vista - view
vive - s/he lives
vivimos - we live
vivir - to live
vivo - I live
voluntario - volunteer
vomitar - to vomit
voy - I go
voz - voice

# Y

y - and
ya - already
yo - I

# Z

zapatos - shoes

## ABOUT THE AUTHOR

Jennifer Degenhardt taught high school Spanish for over 20 years. She realized her own students, many of whom had learning challenges, acquired language best through stories, so she began to write ones that she thought would appeal to them. She has been writing ever since.

Please check out the other titles by Jen Degenhardt available on Amazon:

*La chica nueva* | La Nouvelle Fille | The New Girl
*La chica nueva* (the ancillary/workbook
volume, Kindle book, audiobook)
*El jersey* | The Jersey | *Le Maillot*
*La mochila*
*El viaje difícil* | *Un Voyage Difficile*
*La niñera*
*La última prueba*
Los tres amigos | Three Friends
*María María: un cuento de un huracán* | María
María: A Story of a Storm | Maria Maria: un
histoire d'un orage
*Debido a la tormenta*
*La lucha de la vida*
*Secretos*

Follow Jen Degenhardt on Facebook, Instagram @jendegenhardt9, and Twitter @JenniferDegenh1 or visit the website, www.puenteslanguage.com to sign up to receive information on new releases and other events.

Made in the USA
Monee, IL
10 June 2021

69985293R00066